Comment bien choisir son rongeur ?

Mirabelle C. VOMSCHEID

Du même auteur :

Tout ce qu'il faut savoir sur le chinchilla (2015)

Tout ce qu'il faut savoir sur le cochon d'inde (2014)

crédit photos :

Louis-Alexandre Cuvelier et Mirabelle Vomscheid pour les hamsters
Magali Mazire et l'association des Amis de Théophile pour les souris
Laura de Paepe pour les écureuils de Corée
Mélanie Walle pour les lapins
Mirabelle Vomscheid pour les autres photos

Réalisation de la couverture : Mirabelle C. VOMSCHEID

Comment bien choisir son rongeur ?

Édition : BoD™ - Books on Demand, 12/14 rond-point des Champs Elysées, 75008 Paris, France. Imprimé par BoD™ - Books on Demand GmbH, Norderstedt, Allemagne.

SOMMAIRE

Ce qu'il faut savoir sur les rongeurs..6
La souris..14
Le hamster...20
La gerbille..26
L'octodon...32
Le rat..38
L'écureuil de Corée..42
Le cochon d'inde...47
Le chinchilla...59
Le lapin...66
Où choisir son futur compagnon ?..75

Ce qu'il faut savoir sur les rongeurs

Avant de se décider pour un rongeur, il est important de connaître ces petites bêtes aux bouilles toutes très attrayantes et de comprendre avant tout leur comportement. L'écureuil de Corée, le hamster ou le petit cochon d'inde que vous espérez tant avoir, n'est peut-être pas celui qui correspond à votre mode de vie ou à ce que vous recherchez réellement chez un rongeur.

Savez-vous ce qu'est vraiment un rongeur ?

On classe une espèce dans la catégorie des rongeurs, les animaux qui n'ont pas de canines mais des incisives à la croissance continue. Cette caractéristique intègre de nombreuses espèces (sauvages ou domestiques) comme les ragondins, les castors, les marmottes ou encore nos petites boules de poils tant aimées tels que les cochons d'inde, les hamsters, les souris, les rats, les gerbilles ou écureuils. La liste

est loin d'être exhaustive !

En revanche, il est un petit animal très apprécié des enfants et des plus grands qui est souvent classé chez les rongeurs alors qu'il n'en est pas un. Il s'agit du lapin qui fait partie des lagomorphes. Mais comme ils ont souvent un mode de vie très semblable à celui des rongeurs, on les classe à tort dans la catégorie des rongeurs.

Famille de ragondins

Quelle est la différence entre un lagomorphe et un rongeur ?

Les lagomorphes se distinguent des rongeurs par leur denture et leur os pénien (os présent dans le pénis). Les lapins ne possèdent pas seulement deux dents de devant, mais aussi une paire d'incisives en arrière des deux incisives de la mâchoire supérieure. Elles constituent un vestige de l'évolution et n'ont plus d'utilité pour les lapins de notre époque. Les rongeurs, eux, ne possèdent qu'une seule incisive à croissance continue.

Le point commun entre ces deux ordres concerne la pousse continue des dents. Si les lapins ou les rongeurs n'usent pas correctement leurs dents, elles continuent de pousser et agressent la cavité buccale avec des ulcères à cause des dents qui se fichent dans les joues ou forment un arc de cercle au-dessus de la langue. Elles peuvent même atteindre les orbites. L'autre point commun concerne leur alimentation qui doit être riche en fibres. Cependant, les lagomorphes, contrairement aux rongeurs qui sont le plus souvent des animaux omnivores, sont des animaux dont l'alimentation doit être pauvre en protéines, céréales ou graines, et être constituée principalement de verdure et de végétaux.

Les lapins risquent en effet de développer des bactéries dangereuses qui peuvent provoquer des diarrhées foudroyantes.

Pour toutes ces raisons, il est important de connaître le mode de vie d'un animal avant de se décider pour une espèce en particulier.

Avant de présenter chaque espèce de façon individuelle, voici un tableau récapitulatif général sur le mode de vie de chaque rongeur. Ce tableau se veut être général et ne tient pas compte des cas particuliers. Le lapin a volontairement été ajouté au tableau, même s'il ne se classifie pas dans la catégorie des rongeurs, car il fait partie des animaux les plus convoités chez les enfants !

espèce	Mode de vie	caractère	longévité	habitat
souris	Diurne animal grégaire qui aime la vie en groupe	Affectueuse, risque de cannibalisme avec les petits de ses congénères	2 ans	Une grande cage pour petit rongeur et accessoires de jeux pour se cacher.
gerbille	Diurne et nocturne (cycles de 4 heures d'éveil et de sommeil)	Curieuse, peut être agressive avec les autres rongeurs	3 à 4 ans (parfois 5 ans)	Grand terrarium avec une épaisse couche de copeaux, des jeux, une roue et un bac de terre à bain.
hamster	Solitaire nocturne	Peu sociable, risque de cannibalisme	2 à 3 ans	Grande cage pour petit rongeur avec un étage, munie d'une roue.
rat	Animal grégaire qui aime la vie en groupe	curieux intelligent sociable sportif	2 à 3 ans	Dans une cage ou volière avec plusieurs étages et de la largeur aussi
octodon	Animal grégaire	Curieux très sociable sportif et grimpeur	8 à 10 ans	En volière avec des étages, une roue, du bois à grignoter et des heures de sortie en journée
Écureuil de Corée	diurne	Joueur assez sociable	6 à 10 ans (souvent)	Dans une volière 100 x 150 x 150 cm
Cochon d'inde	Animal grégaire vie en groupe ou à deux.	Très sociable câlin peu sportif	5 à 7 ans (parfois 8 ans)	En parc ou en liberté, cage exclue, risque d'ennui.
chinchilla	Nocturne aime la vie en groupe	Indépendant mais sociable, animal peu enclin aux câlins sur soi	12 à 18 ans	En volière 100 x 150 x 150 cm avec 2 heures de liberté par jour minimum.
lapin	Diurne Animal grégaire qui aime la vie en groupe ou à deux	Sportif sociable câlin	8 ans en moyenne	En liberté dans une pièce sécurisée avec un bac à litière pour les besoins et un coin « dodo »

Ce tableau permet de se poser les bonnes questions pour choisir le bon animal de compagnie. Comme nous pouvons le constater, certains rongeurs ont une vie diurne, tandis que d'autres ont une vie nocturne. Ce critère est très important pour choisir son animal selon son propre mode de vie. Quelqu'un qui sera régulièrement absent toute la journée ne s'orientera pas vers un cochon d'inde qui demande beaucoup d'attention et de présence. Cet animal aime avoir son maître à ses côtés et s'avère être un grand bavard quand on communique avec lui ! Un chinchilla ou un hamster serait alors plus approprié. Mais attention, il faut alors se demander si l'on est prêt à accueillir un animal dont l'espérance de vie peut atteindre 18 ans.

Un autre critère dont il faut tenir compte concerne l'habitat de l'animal choisi. Prendre une souris sera par exemple moins encombrant qu'un chinchilla qui demande une très grande cage en hauteur et en largeur ainsi que du temps pour les sorties en liberté dans une pièce sécurisée. Mais il ne faut pas oublier que certaines espèces ne sont pas faites pour vivre seules, et aiment la vie en groupe ou au minimum à deux, comme c'est le cas pour le lapin et le cochon d'inde. Cela ne signifie pas obligatoirement qu'il faut prendre un couple, deux animaux de même sexe peuvent très bien cohabiter sans problème. L'idéal est de trouver un duo qui vit déjà ensemble, par exemple une fratrie ou alors des jeunes qui ont toujours vécu sur le même territoire. Cependant, il ne faut pas oublier que l'acquisition de plusieurs animaux exige bien sûr un espace plus grand pour eux. Pour des rongeurs de grande taille, choisir une cage est exclue, le mieux étant de les mettre dans un grand enclos ou un parc ou alors de les laisser vadrouiller en liberté dans une pièce avec un bac à litière, de l'eau et de la nourriture en permanence.

L'alimentation est aussi un autre critère de choix : les besoins varient d'une espèce à une autre et le coût pour nourrir son animal aussi. Sans oublier qu'il faudra prévoir un budget « vétérinaire » en cas de problème. Certains propriétaires de rongeurs ou de lapins n'auront jamais de problèmes avec leur compagnon, là où d'autres iront sans cesse chez le vétérinaire pour un problème récurrent. Selon le problème de santé, la facture peut s'élever à 300 euros ! Une opération chirurgicale peut être nécessaire et le prix en est élevé.

Bien entendu, décider de prendre un rongeur chez soi, c'est s'engager à le soigner au mieux et être prêt à se battre pour lui et lui offrir des soins chirurgicaux si nécessaires.

Le dernier critère qui n'est pas à négliger dans le choix d'un petit rongeur concerne le caractère de l'animal : Préfère-t-on un animal tranquille et paisible comme le cochon d'inde, un animal joueur comme le rat ou encore un animal qui s'agite beaucoup sur son territoire comme l'octodon ou la gerbille ? Choisit-on un petit animal pour avoir le plaisir de l'observer au quotidien ou préfère-t-on un animal qui soit câlin ?

Il ne faut pas oublier que le coût d'un animal varie aussi d'une espèce à une autre, selon sa taille et sa santé. Certaines espèces sont plus robustes et d'autres moins. Par conséquent, il n'est pas négligeable de prendre en compte d'éventuels frais vétérinaire si cela s'avérait nécessaire. Le matériel pour accueillir son futur compagnon est aussi plus onéreux pour un chinchilla par exemple qui nécessite une cage spacieuse de la taille d'une volière dont les prix sont élevés. Les frais quotidiens tel que l'entretien de la cage ou l'alimentation peuvent être plus importants chez un cochon d'inde ou un lapin qui ont besoin d'un apport régulier en fruits ou légumes frais.

Beaucoup de questions sont à prendre en compte avant de se décider à prendre sous son toit une charmante petite boule de poils...

Afin de faciliter votre choix, chaque rongeur (ainsi que le lapin) va être présenté de façon individuelle avec tout ce qu'il faut savoir sur lui sans se tromper dans son choix !

La souris

Choisir une souris, c'est s'engager à en prendre au moins deux, car ces petits rongeurs ne sont pas faits pour vivre seuls même si une présence humaine est là. Un homme ne remplacera jamais un congénère ! Que l'on opte pour une ou deux souris, la taille de la cage restera la même. L'avantage de prendre une souris concerne son habitat dont l'encombrement sera moindre comparé à l'aménagement d'un cochon d'inde ou d'un lapin dont l'espace de vie est conséquent. Cela ne signifie pas pour autant choisir une cage minuscule à mettre dans un coin ! La souris a besoin d'espace pour évoluer sereinement dans son environnement. Il est d'ailleurs important de souligner que ce rongeur apprécie de vivre dans la même pièce que son maître, car elle est très curieuse de nature et aime voir tout ce qu'il se passe autour d'elle. L'inconvénient principal de ce rongeur concerne son odeur qui est assez forte et il faudra  nettoyer fréquemment la cage si l'on ne souhaite pas se retrouver avec des odeurs désagréables.

Pour un débutant qui ne sait pas encore si les rongeurs vont vraiment  lui plaire, la souris est un bon compromis car on ne s'engage pas sur du long terme vu son espérance de vie, de deux ans en moyenne. La souris est captivante par son comportement, c'est un petit rongeur intelligent, hyperactif et qui se laisse manipuler facilement si l'on ne se montre pas trop brusque au début.

Une fois apprivoisée (apprivoisement qui se fait toujours par le biais de la nourriture), elle viendra voir facilement son nouveau maître. Elle aimera monter sur son bras et aller à la découverte de nouveaux jeux. L'investissement dans des jeux sera moindre, des rouleaux de papier toilette, d'essuie-tout ou encore des petites boîtes en carton feront son bonheur. Il faudra malgré tout investir dans une roue, jouet essentiel pour son plaisir et lui faire faire du sport !

Le coût de revient d'une souris n'est pas élevé : une dizaine d'euros par mois pour son alimentation et autres frais tel que les copeaux pour garnir le fond de sa cage. L'alimentation de la souris domestique

La souris est un rongeur omnivore qui se nourrit aussi bien d'aliments d'origine végétale que d'origine animale. Mais la souris domestique a une préférence pour les aliments de type céréales, contrairement à la souris sauvage qui mange tout ce qu'elle trouve à sa portée. Comme tous les petits mammifères, elle a un métabolisme très rapide qui lui demande beaucoup d'énergie pour maintenir sa température corporelle. Par conséquent elle doit se nourrir en permanence et il est important de toujours lui laisser à disposition de quoi grignoter sans lui donner pour autant tout et n'importe quoi. Proportionnellement à sa taille, elle mange l'équivalent de 15 % de son poids, ce qui est énorme, comparé à nous, les humains.

L'alimentation de base de la souris est composée de graines qui doivent contenir des céréales comme le blé, l'orge, l'avoine, le maïs, du millet et autres graminées. On peut ajouter à ces graines quelques graines grasses comme celles de tournesol. Mais l'idéal est bien sûr de donner à son petit rongeur un mélange complet qui se présente sous forme de bouchon et qui contient tous les éléments essentiels dont a besoin la souris. Si on lui offre un mélange, elle va trier sa nourriture et ne prendre que ce qui lui fait plaisir et délaisser le meilleur pour sa santé. Elle choisit en général les aliments les plus riches en lipides telles que les graines de tournesol.

Si l'on opte pour un mélange de graines, il faut bien évidemment choisir un mélange pour souris, le seul qui conviendra à son équilibre alimentaire. Mais le mieux reste le mélange complet. Ce mélange peut sembler bien déprimant pour notre petit rongeur qui aura l'impression de tout le temps manger la même chose. Mais on peut varier les plaisirs en lui apportant des compléments :

- On peut lui donner des légumes comme l'endive, la mâche, le concombre, la courgette ou la carotte ou bien encore des fruits tels que la pomme, la poire, la banane, la pastèque ou le melon. Il ne faut surtout pas lui donner d'aliments sortant du réfrigérateur et ne donner que des fruits et légumes sans la peau, ni les pépins et si possible d'agriculture biologique. Les excès sont également à éviter car ils peuvent provoquer des ballonnements et des diarrhées.

- L'apport en protéines étant important chez la souris, on pourra lui donner un peu de viande cuite et des vers de farine pour ceux que ça ne rebute pas ! Les laitages constituent aussi un bon compromis pour les protéines, mais ils ne sont pas l'aliment préféré des souris en dépit d'une idée largement répandue à ce sujet. Il est préférable de privilégier les yaourts qui sont les produits laitiers les mieux digérés par les souris. Le fromage reste un aliment riche en lipide et en lactose mal toléré.

- Les fruits secs peuvent être donnés en tant que friandises, par conséquent en très petites quantités, même si les souris en raffolent. Ils sont en effet très gras et lourds à digérer.

- Le foin, élément indispensable pour sa richesse en fibres et digeste, est aussi essentiel pour l'usure des dents.

Les aliments interdits

- Les aliments destinés aux humains comme les gâteaux sucrés et salés, ainsi que les chips ou viennoiseries doivent être proscrits de l'alimentation de la souris même si cette dernière fait les yeux doux pour en grignoter un morceau.

- Le chocolat est un aliment interdit à tous les rongeurs en raison de sa toxicité qui peut être mortelle.

- Le lait de vache est très mal toléré par l'organisme de la souris en raison de la présence de lactose.

- Les bonbons et les friandises vendues en animaleries sont trop riches en sucres et en lipides. Il est préférable de préparer soi-même des friandises maison.

Comme pour les humains, une alimentation équilibrée est nécessaire pour assurer bien-être et bonne santé à sa souris. Son espérance de vie en sera plus longue. Il ne faut pas oublier qu'elle peut être confrontée à la maladie et que des frais vétérinaire seront à envisager, mais peu onéreux comparés à d'autres rongeurs. Mais en prenant soin de sa souris, on peut espérer avoir un petit rongeur en bonne santé.

Le hamster

Comme la souris, le hamster peut être un bon compromis quand on ne veut pas s'engager sur du long terme. C'est un rongeur dont l'espérance de vie varie de deux à trois ans selon les espèces et qui préfère vivre seul plutôt qu'en groupe. Le hamster est un animal qui a la côte par sa bonne bouille et son magnifique pelage qui le font ressembler à une petite peluche. Mais il faut se méfier de son air adorable. C'est en effet un animal peu enclin aux caresses et qui aime vivre sa vie tranquillement. Certains hamsters vont même jusqu'à mordre quand on les embête. Il n'est pas facile à manipuler et à apprivoiser. Il faudra beaucoup de patience ! Le hamster est bien davantage un animal à observer qu'à manipuler et très divertissant quand on le regarde évoluer au cœur de son environnement.

Il existe 5 espèces de hamsters dont quatre de très petite taille tels que le hamster russe, le Campbell, le Roborovski et le Chinois dont le plus léger ne pèse qu'une quinzaine de grammes. Le hamster le plus courant est le hamster doré, le plus grand des hamsters domestiques dont le poids peut aller jusqu'à 250 grammes et l'espérance de vie peut atteindre 3 ans.

Hamster doré

A l'état sauvage, le hamster dort toute la journée, terré dans son terrier, attendant que le soleil se couche. Il fait certes quelques réveils en journée, mais seulement pour faire un brin de toilette ou alors grignoter quelque chose dans sa réserve. Quand il commence à se réveiller, il n'est pas tout de suite actif. Tout comme les humains, il prend le temps de manger afin d'avoir de l'énergie. Ne pas perturber son rythme de vie est capital pour le préserver. Il ne conviendra donc pas à quelqu'un qui souhaite le voir évoluer en journée, mais sera l'idéal pour ceux absents toute la journée. Il a aussi l'avantage d'être discret et de ne pas  faire beaucoup de bruit, ce qui est un atout pour un animal nocturne.

Pourquoi ne faut-il pas déranger un hamster qui dort ?

En tant qu'animal nocturne, il est tentant pour le propriétaire d'un hamster de vouloir le réveiller en journée pour passer un peu de temps avec lui. Mais céder à cette envie serait une grave erreur. Le hamster serait alors soumis à un stress inutile qui aurait pour conséquence des troubles du sommeil, un dérèglement du système digestif, une prise de poids ou alors une perte d'appétit ainsi que des troubles du comportement.

Chez tous les mammifères, le sommeil est très important, car il permet d'éliminer le stress et les toxines stockées dans l'organisme, de stimuler le système immunitaire en luttant mieux contre les infections et surtout, il permet au hamster de rester vigilant durant sa période d'éveil.

Un hamster que l'on perturbe dans sa phase de repos en journée peut devenir agressif et mordre. S'il est sans cesse dérangé dans son cycle, il va devenir très nerveux et désagréable. Il sera en effet très fatigué et ne se sentira plus en sécurité dans son nid.

Peut-on lui apprendre à devenir diurne ?

Certaines personnes pensent qu'on peut habituer un animal nocturne à devenir diurne, ce qui est une erreur. Le hamster, comme tous les animaux avec le même rythme de vie, ont une horloge interne qui les pousse à dormir en journée et à se réveiller la nuit. En voulant modifier son mode de vie, on se heurte à bon nombre de problèmes comme ceux cités plus haut lors du réveil du hamster en pleine journée.

Croire qu'en le maintenant éveillé la journée, le hamster sera fatigué la nuit, n'inversera pas pour autant son rythme biologique. Il souffrira de graves troubles du sommeil, altérant sa santé et réduisant son espérance de vie.

En choisissant un animal nocturne, on s'engage à respecter son mode de vie pour lui assurer le meilleur confort possible.

Le mode de vie du hamster

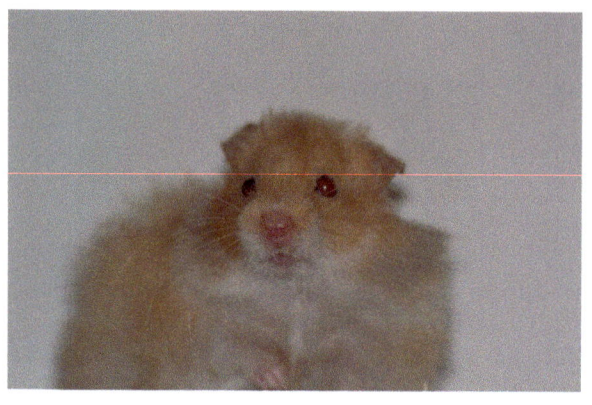

Le hamster, comme la souris, est un animal facile à entretenir, mais qui nécessite tout de même un minimum de soins comme le choix d'une alimentation équilibrée et variée, le changement de l'eau dans le biberon et le nettoyage systématique de la cage bien qu'il ne dégage pas d'odeurs désagréables. Le coût le plus important concernera l'achat d'une belle cage avec au minimum un étage, une roue, une maisonnette et des tunnels plastifiés dans lesquels il aimera se déplacer comme il le ferait à l'état naturel. S'il a la chance de ne pas tomber malade, le budget mensuel pour son alimentation ne dépassera pas la dizaine d'euros.

C'est un rongeur omnivore, même s'il est principalement granivore. Pour sa bonne santé, l'idéal est de varier son alimentation avec des apports en fruits, légumes, graines et des petits morceaux de fromage en friandise ou récompense. Ce petit animal a en revanche la fâcheuse manie de faire des réserves. Il faut alors veiller à éliminer

 systématiquement de sa cage les denrées fraîches avant qu'elles ne s'abîment. Le hamster est en conclusion un rongeur facile à vivre si on lui donne ce qu'il faut pour s'épanouir et que l'on ne cherche pas de grandes séances de câlins.

La gerbille

Contrairement à la souris ou au hamster, la gerbille est un rongeur dont l'espérance de vie est plus longue. C'est également un animal qui n'aime pas la solitude et qui a besoin d'un compagnon ou de vivre en groupe pour être heureux et surtout d'avoir de la place pour creuser des galeries. On recommande souvent l'achat d'un grand terrarium afin d'y poser une couche épaisse de copeaux de plusieurs centimètres pour que les gerbilles puissent gratter comme des petits folles. L'inconvénient de ce type d'habitat est le manque d'aération et de contact direct avec l'homme. La gerbille ne peut pas venir flairer son maître au travers des barreaux.

On trouve dans le commerce des cages à barreaux peu

espacés très spacieuses pour les petits rongeurs, qui sont souvent aménagées d'un étage et de maisonnettes avec un bac assez haut en plastique qui permettra d'y mettre sans problème une couche épaisse de copeaux. Si l'on veut éviter les projections, il suffit d'installer sur l'arrière des plaques transparentes en plastique tout en laissant le devant sans rien. Voici un exemple de cage en bois grillagé :

La gerbille est un animal qui **s'apprivoise facilement** avec l'aide de la nourriture. Une fois habituée, elle aime venir sur nos mains et nos bras et se laisse facilement attraper. Il arrive qu'elle morde quand elle ne souhaite pas être prise. C'est sa façon de dire qu'elle veut qu'on la laisse tranquille. Son rythme de vie est très différent des autres rongeurs car elle fonctionne par **cycle de 4 heures**, avec une alternance de phase d'éveil et de phase de sommeil (ici il est question de la gerbille de Mongolie, la gerbille que l'on trouve le plus souvent dans les foyers). Quand elle est active, elle fait beaucoup de bruit, il faut en tenir compte pour l'emplacement de sa cage. Elle aime gratter et ronger tous les cartons, avec une préférence pour les rouleaux d'essuie-tout ! Un bac avec de la terre à bain est nécessaire pour nettoyer et lustrer son poil. Un petit bocal peut faire l'affaire sans que le sable se répande partout. Une roue fera aussi partie des jeux à installer dans son environnement.

Comme beaucoup de petits rongeurs, la gerbille passera la plupart de son temps dans une cage. Il est important qu'elle puisse se divertir durant cette période et de lui mettre des jeux et jouets adaptés à son caractère. À l'état naturel, elle aime **construire des galeries et creuser des terriers à plusieurs chambres**. Par conséquent, il faudra veiller à ce que le fond de sa cage soit recouvert d'une bonne couche de litière, voire de sable pour qu'elle puisse retrouver son environnement naturel. Le sable comme litière est un nid à microbe, il faudra noter que si l'on souhaite mettre du sable, il faudra le changer toutes les semaines, contrairement au chanvre que l'on pourra laisser de 3 à 4 semaines avec une épaisseur d'au moins 10 cm dans un habitat convenable. Le mieux étant de mettre 15 cm environ de chanvre ou de lin pour que les gerbilles puissent creuser et faire des galeries. On n'hésitera pas à mettre à sa disposition des matériaux tels que des tubes en carton, des brindilles de foin et des tissus pour qu'elle puisse façonner à sa façon sa maisonnette. En revanche, le coton et le contre plaqué sont à proscrire. À cela, il faudra ajouter de nombreux accessoires dans sa cage qui lui serviront de jouets de divertissement.

Les jeux à l'extérieur de la cage

Pour éviter tout accident, on peut décider de mettre sa gerbille dans un parc. On pourra alors lui aménager un parcours constitué de nombreuses galeries à l'aide de tubes de toutes tailles et agrémenté de cachettes comme les cabanes, maisonnettes ou boîtes en carton. On veillera à installer des échelles allant d'une cachette à une autre. Si l'on possède des Legos, on pourra fabriquer des maisonnettes à étage qui permettront à la gerbille d'escalader et de grimper comme dans son milieu naturel. Il est important de stimuler sa gerbille en variant à chaque sortie son terrain de jeux.

Si l'on décide de laisser gambader sa gerbille dans une pièce, il faudra mettre hors de sa vue et de ses dents, tous les fils électriques et protéger les meubles auxquels on accorde de l'importance ! Il est dans l'instinct de la gerbille de ronger. Il est inutile de la disputer en raison d'un meuble qu'elle aurait pu grignoter, elle ne comprendrait pas. Mais pour éviter ce genre de désagrément, il suffit de mettre

dans l'espace qu'on lui offre toutes sortes de boîtes en bois ou en carton à ronger.

Les jeux et jouets sont essentiels pour l'équilibre psychologique de sa gerbille. Ils lui permettent en outre de se dépenser physiquement et d'évacuer le stress qu'elle pourrait ressentir par ennui.

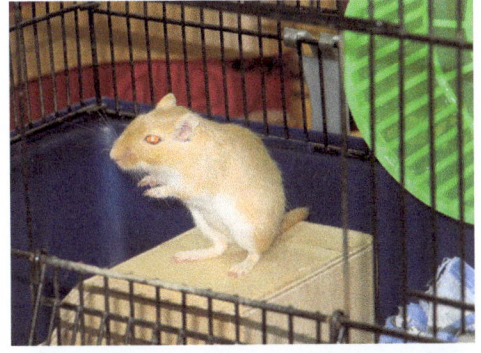

Décider d'avoir des gerbilles, c'est s'engager à respecter leur mode de vie sans les déranger durant leur phase de sommeil, de leur fournir de temps à autre des fruits et légumes frais, ainsi que quelques friandises saines telles que les noisettes ou encore des graines de tournesol, des aliments riches en oligo-éléments. Il ne faut pas choisir ce petit rongeur dans l'espoir de le garder longtemps sur soi. La gerbille est un animal qui bouge beaucoup et tient peu en place, à l'exception de quelques cas particuliers.

L'octodon

L'octodon, en dépit de son apparence très semblable à la gerbille, est un rongeur beaucoup plus gros qui pèse aux alentours de 200 grammes contrairement à la gerbille de Mongolie, qui ne fait qu'une soixantaine de grammes. Le caractère de l'octodon diffère totalement de celui de la

gerbille, du hamster ou de la souris. C'est un rongeur très actif qui ne plaira pas à quelqu'un qui cherche un animal calme. Il passe son temps à courir, à grimper aux barreaux de sa cage, à ronger tout ce qu'il a à portée de dents (comme le bois, le plastique ou encore le carton) et pour cette raison, il est fortement déconseillé de le mettre dans une cage ayant un bac en plastique qu'il s'empressera de détruire en peu de temps. L'octodon étant un petit rongeur qui aime beaucoup bouger et faire l'acrobate, il faudra investir dans une volière spacieuse et blindée, résistant à tout coup de dents et préférer une volière à oiseaux aux grandes cages vendues justement pour les rongeurs. La plupart ont en effet des étages et un bac en plastique.

L'octodon est également un animal qui aime s'exprimer en émettant des divers sons qui peuvent aller du simple gazouillis au cri strident qui perce les tympans de son entourage quand il est effrayé. Il peut être « fatiguant » par son énergie incroyable, mais plaira énormément à quelqu'un qui cherche un animal à observer. L'octodon s'avère être un animal très curieux, qui aime regarder ce qu'il se passe autour de lui. Il est d'ailleurs préférable de l'installer dans la pièce de vie de la maison et de lui permettre de s'épanouir, entouré de un ou plusieurs congénères. Il n'aime pas la solitude et sollicite encore plus son maître quand il vit seul. Il devient alors un rongeur très affectueux qui se laisse caresser sous les bras ou dans le cou, et apprécie les grattouilles. Mais en aucun cas, ce rapprochement avec l'homme ne remplacera un congénère avec lequel il partagera une belle complicité et communiquera avec un langage composé de nombreux sons différents.

Cependant, les octodons sont aussi des animaux dont le comportement peut changer radicalement du jour au lendemain et il peut se montrer subitement agressif avec l'un de ses congénères et l'attaquer violemment au point de le blesser mortellement. L'idéal est de prendre un duo de frères ou de sœurs pour éviter ces désagréments. Il arrive aussi que l'octodon morde son maître quand il ne souhaite pas être dérangé.

Un autre point non négligeable concerne la longévité de ce rongeur qui peut vivre de 8 à 10 ans. Il faut se demander si l'on est prêt à l'accueillir sous son toit aussi longtemps, surtout quand il s'agit de son premier rongeur.

En ce qui concerne son alimentation, il ne faut surtout pas le nourrir n'importe comment car l'octodon est prédisposé au diabète. Il est certes gourmand, mais vouloir céder à ses envies en lui proposant des friandises sucrées pour lui faire plaisir, ne serait pas lui rendre service. Il a une alimentation semblable à celle du chinchilla et apprécie les herbes, feuilles et fleurs séchées. Il existe dans le commerce des mélanges de qualité qui lui conviendront.

Exemple de cage pour octodons

Le rat

Contrairement aux idées reçues, le rat est un animal charmant, gentil et très attachant, qui ne mord que très rarement. Il n'a rien à voir avec les espèces sauvages, qui elles sont effectivement souvent porteuses de maladies et agressives. Le petit rat domestique comblera le plus réticent grâce à ses nombreuses qualités : il est **joueur, intelligent, sportif et très câlin.** Il faut savoir que les femelles sont plus actives que les mâles qui, eux, aiment les gros câlins et sont moins vadrouilleurs ! Les deux points négatifs qui peuvent faire hésiter à choisir cet animal concerne son **espérance de vie courte,** dépassant rarement les trois ans, et sa tendance à avoir des tumeurs qui prolifèrent rapidement.

S'orienter vers un rat, c'est aussi décider d'en prendre au moins deux, même plus, car le rat est un rongeur qui aime la vie en groupe. Et quel plaisir de les voir tous ensemble lovés les uns sur les autres, ou encore de les voir chahuter ou jouer. C'est un animal intelligent, actif et joueur qui aime les défis. Par défi, il faut bien évidemment entendre les jeux que l'on peut concevoir. Quelques balles, des boîtes en carton avec des labyrinthes, de la nourriture cachée seront autant de jeux qui éveilleront un rat et le stimuleront. Parmi ces jeux, une à deux heures de sortie par jour dans une pièce sécurisée feront partie de ses jeux pour se défouler. Il est réputé pour son intelligence, mais aussi pour son agilité et sa facilité à se faufiler partout. Quand on lui laisse la liberté de s'épanouir dans une pièce, il est **très curieux** et aime se cacher dans les recoins les plus difficiles d'accès. Il faut par conséquent veiller à ce que la pièce soit sécurisée avec des fils électriques hors d'atteinte ou encore des trous dans un parquet ou un mur qui pourraient le conduire vers des lieux incertains.

Le rat est aussi un animal qui apprécie le confort avec des couvertures, des dodos en tissus, des hamacs ou des tipis, mais qu'il faudra changer très souvent, car ce petit rongeur aussi attachant qu'il puisse être, est un rongeur pas toujours très propre et qui aime uriner là où il passe. On dit souvent que les rats sentent forts. En réalité, ce sont leurs urines qui ont une odeur prononcée dont leur poil va s'imprégner, puisque le rat a cette mauvaise manie de faire là où il dort. Pour cette raison, il est important de nettoyer chaque jour avec une éponge et du vinaigre blanc tous les étages de son habitat et de changer les tissus s'ils sentent mauvais. Il faut également prévoir un bac avec de la litière dedans, car ils savent être propres (à leur façon, cela s'entend !) et aménager un coin repas pour ces petits gourmands qui sont friands de tout ce que l'humain peut manger ! Mais, lui donner tout et n'importe quoi, ce n'est pas lui rendre service.

Il lui faut une alimentation adaptée avec un **taux de protéines entre 14 et 16 %.** Il est par conséquent important de vérifier le contenu et la composition des mélanges tout prêts, qui ne sont pas toujours ce qu'il y a de mieux. On peut aussi faire soi-même son propre mélange, composé de **lentilles crues, de Muesli aux fruits, de pâtes crues, de flocons d'avoine, de croquettes pour chats et de mélange pour pigeons.** A cela on peut donner des morceaux de fruits ou de légumes, un peu d'œuf dur, de jambon comme friandise. Il faut éviter tous les biscuits salés ou sucrés destinés aux humains. Ils sont mauvais pour leur santé même s'ils en raffolent. Si l'on porte son rat sur soi et qu'il

se trouve à proximité d'une table garnie de mets délicieux, celui-ci n'hésitera pas à chaparder tout ce qui lui plaît pour courir en quatrième vitesse avec, par exemple, une tranche de beefsteak ou un cookie dans sa gueule !

L'arrivée d'un rat dans une maison ne crée pas toujours l'unanimité. L'entourage risque de voir d'un mauvais œil ce nouveau rongeur. Comme toute acquisition d'un animal, le rat a ses

avantages et ses inconvénients, mais il a bien plus de qualités que de défauts.

L'écureuil de Corée

Ce charmant mammifère est un rongeur très actif qui a besoin d'espace pour se sentir bien. Quand on observe un écureuil de Corée, on peut remarquer que ce petit animal amusant est un acrobate très doué qui saute et grimpe partout. Il est déconseillé aux enfants de moins de 12 ans, car c'est l'un des rongeurs les plus difficiles à apprivoiser et qui demande beaucoup de patience. Ce charmant rongeur est aussi un animal têtu qui n'obéira pas spontanément à vos ordres et qui n'hésitera pas à mordre le bout des doigts de son maître !

Fiche d'identité de l'écureuil de Corée

Cet écureuil, originaire des forêts de Mongolie, de Sibérie, ou encore de Corée ou de Chine est un animal aux couleurs attrayantes : il porte une belle robe marron aux reflets roux avec les flancs et le ventre gris crème. Il est rayé dans le cou et autour des yeux et sa queue est panachée. Il possède des abajoues comme le hamster pour pouvoir faire des stocks de nourriture en prévision de son hibernation. De taille petite, son corps mesure de **13 à 20 centimètres** avec une queue d'une dizaine de centimètres. Il n'est guère plus lourd qu'une grosse gerbille et son poids oscille de **70 à 130 grammes**. La femelle est plus grosse que le mâle. Son espérance de vie varie de **5 à 12 ans**.

Son mode de vie

C'est un animal diurne alternant les périodes de repos et d'activité et qui se couche assez tôt le soir. Il est surtout actif au petit matin et en fin de journée. On peut constater qu'à l'arrivée de l'automne, son rythme de vie se ralentit. À l'état sauvage, l'écureuil de Corée hiberne en effet d'octobre à avril. Bien évidemment, en captivité, il n'aura pas le même cycle hibernal, puisque son organisme suit la température extérieure pour se mettre en hibernation.

De nature, l'écureuil de Corée n'est pas fait pour vivre en groupe, mais en captivité. On peut éventuellement détenir deux écureuils, s'ils sont issus de la même fratrie et placés ensemble jeunes. Mais il faut savoir que ce rongeur est **territorial** et que les bagarres sont fréquentes. On peut d'ailleurs constater que la femelle n'accepte le mâle qu'en période de chaleur. Il faut par conséquent prévoir une maisonnette et une gamelle par écureuil et une cage de type volière de grande taille. Les dimensions pour un seul individu doivent être de **100** x 50 x 100 cm et être doublées quand ils sont deux.

La cage devra être placée dans une pièce à l'abri des courants d'air et au contact des humains pour que l'écureuil ne s'ennuie pas. Quelques accessoires comme une roue en fer, ainsi que des branches pour se percher feront le bonheur de ce petit rongeur. Il faut éviter les éléments en plastique que l'écureuil s'empressera de détruire et prévoir des matériaux résistants, l'écureuil étant un rongeur hors pair !

L'écureuil de Corée hors de sa cage

Il est important de rappeler que l'écureuil de Corée est un animal sauvage même s'il est considéré de nos jours comme animal de compagnie. Cela veut dire que le lien que l'on aura avec lui sera différent que celui que l'on peut développer avec d'autres rongeurs. Il est vital que ce petit mammifère puisse sortir tous les jours hors de sa cage qui risque de devenir une prison dans le cas contraire.

En liberté dans une pièce, il va pouvoir explorer tous les coins, car il est d'un naturel curieux. On ne peut pas le laisser sans surveillance, puisque c'est un acrobate habile qui grimpe n'importe où. Avant d'envisager ces sorties, il est nécessaire qu'il soit habitué à son maître et par conséquent apprivoisé. Il est inutile de vouloir l'attraper quand il est lâché dans une pièce s'il n'en a pas envie. En revanche, il est capable de retourner seul dans sa cage qu'il considère comme son refuge.

Les soins de l'écureuil de Corée

Comme le chinchilla ou l'octodon, il a besoin d'un bac à sable pour lustrer son poil. Il est préférable de ne pas laisser en permanence le sable afin qu'il ne soit pas souillé, mais de lui mettre une dizaine de minutes deux à trois fois par jour. Il se fera un plaisir de se rouler dedans !

On veillera à mettre au fond de la cage une couche épaisse de litière végétale et à la changer une fois par semaine. Comme à l'état sauvage, l'écureuil appréciera de pouvoir creuser. Il faut rappeler que l'eau du biberon doit être changée quotidiennement et le biberon nettoyé avec une petite brosse. On s'assurera aussi que l'écureuil n'a pas laissé de nourriture fraîche dans un coin de la cage et on jettera tout ce qui est souillé.

Adopter un écureuil demande de la réflexion. Son comportement est différent des rongeurs «classiques» et on ne peut espérer obtenir la même satisfaction qu'avec un rat ou un cochon d'Inde par exemple. Il est à réserver aux passionnés et déconseillé aux enfants.

45

Le cochon d'inde

Si l'on souhaite prendre un cochon d'inde en se disant que ce rongeur va prendre peu de place, c'est une erreur. Il faut en effet envisager d'**en prendre au moins deux**, car ce petit animal n'est pas fait pour vivre seul, et même l'amour de son maître ne remplacera jamais la compagnie d'un congénère avec lequel il se sentira bien et en sécurité. Par conséquent, il sera utile de s'interroger sur la place que l'on accordera aux deux nouveaux venus. Contrairement à une idée largement répandue selon laquelle un cochon d'inde est un animal qui bouge peu, et qui n'a donc pas besoin de beaucoup de place, ce rongeur aime aller vadrouiller à la découverte de tout nouveauté. Il appréciera un environnement varié où il aura le loisir de se cacher dans toutes sortes de maisonnettes, circuler dans des tunnels et se dissimuler loin des regards. Dans une cage, l'animal ne peut se livrer à ces activités et s'ennuie. Prévoir l'acquisition d'un cochon d'inde suppose que l'on ait suffisamment de place à lui accorder, qu'il y ait un ou plusieurs cochons d'inde. L'idéal est de **laisser vivre les animaux en liberté** dans une pièce avec une cage en permanence ouverte ou dans un grand parc.

Les cochons d'inde font aussi partie de ces petits animaux qui plaisent par leur facilité d'adaptation aussi bien chez les enfants que chez les adultes. Ils séduisent par leurs cris, leur comportement et leur frimousse très expressive lorsqu'ils quémandent quelque chose. Pour en faire un animal de compagnie complice, rien de plus facile en respectant certaines règles primordiales.

Les règles de base lors de l'arrivée du cochon d'Inde dans le foyer

Lorsque votre nouvelle boule de poils arrive à la maison, son nouvel habitat doit être prêt. Il est essentiel que le cochon d'Inde ait un lieu où se réfugier et se cacher. Contrairement à une idée répandue, il ne faut surtout pas mettre son protégé dans un enclos sans maisonnette. Les nouveaux propriétaires de cochons d'inde déplorent de ne jamais voir ces derniers, car ils passent leur temps dans leur cabane. Mais cet abri est nécessaire pour que l'animal se sente en confiance. C'est son refuge, l'endroit où il peut observer son environnement sans avoir l'impression d'être menacé. Imaginez un géant qui regarde dans votre maison en passant la tête par le toit ! Le cochon d'inde a la même impression quand on l'observe du haut de sa cage. En outre, il est tout à fait normal qu'il y passe beaucoup de temps, puisque les deux tiers de sa journée sont consacrés au repos.

Croire que le cochon d'Inde s'apprivoisera plus facilement en le laissant à découvert sans toit est une erreur. Au contraire, il s'habitue mieux à son entourage en se trouvant dans sa cabane. Il observe, à

l'abri des regards indiscrets, ses nouveaux maîtres et découvre leurs habitudes. C'est ainsi qu'il s'adapte au rythme de la maison. Au bout de deux ou trois jours, il ne sera pas surprenant de l'entendre siffler le matin quand il entendra son maître se lever. C'est le premier signe d'adaptation du cochon d'inde, il commence à se sentir à l'aise.

Les étapes d'apprivoisement du cochon d'Inde

Pour attirer un cochon d'inde vers soi, rien de plus facile que de **l'appâter avec de la nourriture**. L'aliment le plus approprié reste l'endive, le légume préféré des cochons d'inde. On commencera par lui montrer et lui tendre l'endive. S'il n'est pas farouche (tout dépend du caractère), il viendra la chercher dans la main. Dans le cas contraire, on déposera la feuille d'endive devant lui. Et on renouvellera ce geste tous les jours jusqu'à ce qu'il vienne de lui-même la prendre dans notre main.

La seconde étape consiste à prendre dans ses bras son cochon d'inde pour qu'il s'habitue à l'odeur de son maître. Le plus difficile sera de l'attraper. Le mieux est d'y aller franchement. À vouloir prendre des précautions pour le saisir, le cochon d'inde va tourner un bon moment dans son habitacle avant d'être saisi et sera encore plus stressé. Le plus simple est de le saisir fermement en le coinçant dans un coin et de mettre sa main sur son dos. Puis on le soulève en plaçant une main sous son ventre. Il est très important que **son ventre soit toujours maintenu** car c'est la partie la plus lourde et la plus volumineuse de son corps. On le pose ensuite sur son bras avec toujours une main sur le côté pour qu'il ne tombe pas. On

lui parle gentiment et on le caresse doucement.

La troisième étape est simple : le maître s'installe dans un fauteuil et pose sa boule de poils sur ses genoux protégés par une serviette, tout en lui caressant le dos et le bas du dos afin qu'il se tranquillise et finisse par avoir une position confortable. En portant son cochon d'inde tous les jours, on l'apprivoisera rapidement et il sera heureux de passer de longs moments sur son maître. La plupart des cochons d'inde peuvent

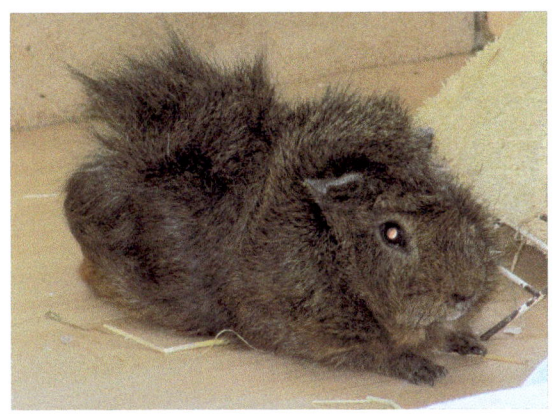

rester une demi-heure ainsi, mais il faut penser à les reposer dans leur bac afin qu'ils fassent leurs besoins. Si l'on possède plusieurs cochons d'inde, on peut les prendre par deux sur les genoux. Ils se blottissent en général l'un contre l'autre.

La plupart des cochons d'inde expriment leur envie d'aller au petit coin **en claquant des dents ou en tortillant du derrière**. En ignorant leur demande, vous risquez de vous retrouver mouillé !

Les gestes qui apaisent les cochons d'inde

Comme pour les chiens et les chats, il existe certaines caresses que les cochons d'inde apprécient. Ils aiment particulièrement les grattouilles sous le menton et lèvent en général la tête pour montrer leur contentement. D'autres apprécient qu'on leur gratte les oreilles comme on le fait pour un chat.

La plupart aiment être caressés sur le bas du dos. D'autres n'aiment pas et le montrent en mordillant ou en levant la patte pour uriner ! Ce sont en général des animaux sensibles à cet endroit et qui sont tout simplement chatouilleux. Il en est de même pour les coups de tête qu'il donne ! Cela signifie qu'il n'aime pas être caressé sur la tête.

Il est important de bien comprendre la réaction de son animal et de ne pas insister quand celui-ci vous dit qu'il n'aime pas être caressé à un endroit particulier.

La différence de comportement d'un groupe de cochons d'inde et d'un cochon d'inde solitaire

Il arrive souvent de rencontrer dans les foyers des cochons d'inde solitaires. Certains sont en effet dominants et ne supportent pas la présence d'un autre. Ces cochons d'inde demandent beaucoup d'attention de la part de leur maître et ne peuvent pas passer des journées seuls. Ils développent un sentiment de confiance avec lui, et ont besoin de lui puisqu'il n'ont pas de compagnon pour le faire. Mais la présence d'un humain ne suffit pas pour le rendre entièrement heureux, même si ce dernier est présent et passe beaucoup de temps à le caresser et à le câliner.

Quand on observe un groupe de cochons d'inde, on peut remarquer qu'une hiérarchie s'instaure avec un dominant qui va affirmer sa position par une tentative d'intimidation ou encore un rapport de force. Quand les cochons d'inde ont suffisamment d'espace, les querelles se font rares et se limitent à des coups de tête ou à remuer l'arrière-train pour affirmer son autorité. Ils communiquent entre eux par un langage très varié que l'on ne retrouvera pas chez un cochon d'inde habitué à vivre seul. Ce dernier communiquera aussi avec son maître pour montrer son contentement ou réclamer sa pitance, mais éliminera de son langage tout ce qui est caractéristique de la communication

d'une tribu. En outre, le cochon d'inde apprend en observant ses congénères qui lui servent souvent de modèle, y compris pour faire des bêtises quand ils sont en vadrouille dans la maison ! C'est ainsi qu'il n'est pas rare de voir un duo ou un trio se promener dans une pièce et d'être tenté de goûter un meuble ou un carton qui traînerait et de voir le suivant l'imiter. Ces activités développent son goût de la curiosité et évite considérablement l'ennui.

Il est à noter qu'un cochon

d'inde vivant en groupe dans un espace suffisamment grand sera moins stressé qu'un cochon d'inde seul.

Un cochon d'inde avec un lapin

Certains se demandent pourquoi il ne faut pas laisser un cochon d'inde avec un lapin, alors que les deux espèces s'entendent bien et dorment souvent ensemble. Même si tout semble aller pour le mieux, les

apparences sont trompeuses. Laisser cohabiter ces deux petits animaux, c'est courir au devant des ennuis. Il est bon de rappeler que le **lapin n'est pas un rongeur mais un lagomorphe** et qu'ils n'ont qu'un seul point commun : celui d'être des mammifères. Leur mode de vie est différent par leur alimentation et également par leur comportement. Le lapin est bien plus turbulent que le cochon d'inde et peut être une source de stress pour celui-ci lorsqu'il fait des sauts ou quand il se met à taper des pieds ou encore quand il se nettoie la tête, il pourrait par inadvertance faire du mal au cochon d'inde.

On remarque également que les lapins sont plus câlins puisqu'ils dorment lovés les uns contre les autres, là où le cochon d'inde aime avoir sa maisonnette et dormir seul. Ce comportement peut sembler paradoxal étant donné que les cobayes n'aiment pas la solitude, mais la vie en groupe ne veut pas dire pour ce petit mammifère tout partager !

Ensemble heureux, tout seul malheureux

Lorsqu'un cochon d'inde se retrouve seul suite au décès de son compagnon, il arrive souvent qu'il se mette à déprimer, puis à dépérir et à ne plus manger. Il ne faut surtout pas le laisser dans cet état au risque de le retrouver un matin mort. Il existe dans les refuges et associations de nombreux cochons d'inde en attente de trouver une bonne famille. Pensez à eux ! Vous ferez le bonheur de votre cochon d'inde orphelin et de celui qui attend peut-être depuis des mois une gentille famille qui saura s'occuper de lui.

Observer un groupe de cochons d'inde est une source de bonheur pour l'homme qui découvre chez ce petit animal un comportement des plus surprenants. Et contrairement à une idée très répandue selon laquelle le cochon d'inde n'aimeraient pas les câlins, c'est tout ce qu'il y a de plus faux. La plupart aiment être dorlotés et caressés et être portés dans

le plus grand des conforts, cela va de soi ! Sans oublier que ce petit animal aime se lover dans les dodos les plus confortables.

En conclusion, **un cochon d'inde conviendra à toute personne aimant les animaux peu sportifs mais avec quelques moments de folie dans la journée**. Il sera également un bon compagnon pour ceux qui aiment avoir un petit animal à dorloter et à papouiller pour un moment de tendresse.

S'engager à prendre un cochon d'inde, c'est s'engager pour une **période de 7 ans** en moyenne si l'animal ne tombe pas malade. C'est aussi accepter ses défauts, donc le principal est le **manque de propreté** et être prêt à nettoyer régulièrement son environnement, surtout si le cochon d'inde vit en liberté dans la maison. Le cochon d'inde a également un coût en ce qui concerne sa nourriture : il aime manger des fruits et légumes frais variés

chaque jour, source de fibres et de vitamines et il apprécie le foin de qualité ! Ne pas prendre le temps de le nourrir correctement, c'est lui assurer une vie plus courte avec de graves ennuis de santé tel qu'un arrêt du transit, des ballonnements qui peuvent être mortels ou encore des problèmes dentaires. Comme tous les animaux, il peut avoir des problèmes de santé. Le coût pour ce rongeur est d'environ 35 euros la consultation + les médicaments selon la clinique vétérinaire.

Le cochon d'inde déteste être seul, même quand il a un congénère, la présence de son maître est primordiale pour en faire un animal heureux. Dans le cas contraire, il peut devenir dépressif. Contrairement à ce que l'on dit souvent, le cochon d'inde demande beaucoup de soins et d'attention.

Le chinchilla

Lorsque l'on voit un chinchilla pour la première fois, on est souvent attiré par cette magnifique boule de poils au regard intelligent. La douceur de sa fourrure pousse souvent à vouloir en prendre un chez soi. Il ne faut cependant pas oublier que cet animal n'est pas un animal câlin comme peut l'être le cochon d'inde ou le lapin. On ne peut pas le porter dans ses bras pour lui faire câlin, c'est lui qui vient sur l'épaule de son maître quand il le décide et rarement pour de tendres effusions ! Est-ce que le chinchilla est alors l'animal idéal ? Va-t-il répondre à ce que l'on attend d'un animal ?

Les questions à se poser avant l'acquisition d'un chinchilla

1. **Durée de vie** : êtes-vous prêt à prendre un animal dont la durée de vie peut atteindre 15-20 ans et à vous en occuper aussi longtemps ?
2. **Coût** : une cage pour chinchilla est chère ainsi que son entretien (terre à bain, alimentation particulière, soins chez le vétérinaire…)
3. **Mode de vie** : le chinchilla est un animal nocturne qui fera du

bruit la nuit en rongeant et jouant avec ses jouets. Il lui faut un endroit calme à l'abri du bruit durant la journée. Avez-vous suffisamment d'espace pour accomplir cette condition ?

4. Le chinchilla n'est pas un animal docile et obéissant comme un chien. Il n'est pas confiant à la manière des cochons d'inde !

5. Le chinchilla n'est pas un animal câlin qui se laisse facilement caresser comme un cochon d'inde ou un chien. C'est pourquoi on le déconseille aux enfants de moins de 12 ans.

6. La cohabitation avec d'autres animaux est déconseillée.

Choisir d'avoir un chinchilla chez soi nécessite de lui **accorder beaucoup d'attention le soir et le matin** avec des sorties sous surveillance constante hors de la cage. C'est également être prêt à s'engager pour une longue période avec ce petit rongeur à la longévité exceptionnelle. Un chinchilla peut en effet vivre une bonne quinzaine d'années, voire plus ! Sans oublier que cet animal n'aime pas la solitude et qu'il préférera vivre avec un compagnon. Avoir deux chinchillas, ce n'est pas comme avoir deux souris. On doit leur accorder bien plus de temps et d'attention.

En effet, ce rongeur est un animal qui bouge rapidement et qui se faufile n'importe où pour le plaisir d'aller à la découverte de nouveautés. Pour stimuler son imagination et son intelligence, on n'hésitera pas à lui installer toutes sortes de jeux lors de ses sorties et on veillera à aménager sa cage pour la rendre distrayante. Toutes ces exigences ont un prix : le temps bien sûr, et le coût à investir dans une très grande cage avec le matériel approprié pour son habitat permanent, mais aussi pour ses sorties.

Quels jeux choisir pour sa cage ?

La cage devra être la plus spacieuse possible, car le chinchilla aime se déplacer par sauts. S'il n'a pas suffisamment de place, il ne pourra pas le faire, et il se sentira rapidement à l'étroit. On veilla par conséquent à opter pour une cage large et haute.

Le chinchilla aime en effet se percher dans la partie la plus haute de sa cage pour aller y dormir et mieux voir ce qui se passe autour de lui. Mais il faut rester vigilant, car une cage très haute est aussi synonyme de danger. Il faudra alors installer quelques planches qui lui serviront d'escaliers pour aller au bas de sa cage et des accessoires. Il ne faut pas en mettre trop pour qu'il ait la place de se déplacer par bonds, mais en mettre suffisamment pour qu'il n'y ait pas de chute qui le fasse tomber tout en bas avec risque de blessures. On peut choisir d'installer de grandes branches de bois si la volière le permet. Cela rappellera au chinchilla son environnement naturel.

On veillera également à installer quelques tunnels : mettre deux tunnels est un bon compromis. L'un sera placé en hauteur et le second à mi-hauteur de la cage. Les tunnels pourront être des tuyaux de robinetterie ou alors des rouleaux de linoléum que l'on trouve dans les magasins de bricolage. L'avantage du rouleau en carton, c'est qu'il lui servira à se faire les dents. Comme tout bon rongeur, le chinchilla a besoin de matériaux à disposition pour s'user les dents. On pourra mettre des branches de bois comestible ou des boîtes en carton à ronger.

Quels jeux choisir pour les sorties dans la maison ?

Le chinchilla est un animal qui aime sauter, grimper et se faufiler n'importe où quand on le laisse vadrouiller dans une pièce. Pour cette raison, il est intéressant de lui proposer des accessoires ou jeux en fonction de son activité. On pourra par exemple lui mettre un arbre à chat, accessoire qui devrait lui plaire puisqu'il aime se percher sur tout ce qui se trouve à quelques dizaines de centimètres du sol. Avec son esprit assez farfouilleur, on prévoira également l'installation de divers

tuyaux au diamètre assez large et suffisamment long pour qu'il puisse y aller au pas de course ! Il aime aussi se cacher dans des endroits sombres, on n'hésitera donc pas à lui mettre toutes sortes de grands cartons avec des ouvertures. Lors de ses sorties, le but est de lui créer un terrain de jeu assez diversifié sans qu'il n'ait envie de se faufiler dans des endroits qui lui sont interdits.

Comme tous les rongeurs, le chinchilla ne s'ennuiera pas dans sa cage ou lors de ses sorties si l'on pense à changer régulièrement la disposition des accessoires de sa cage ainsi que son terrain de jeux. Il est aussi conseillé de lui proposer régulièrement de nouveaux jouets sans pour autant dépenser des sommes gigantesques dans 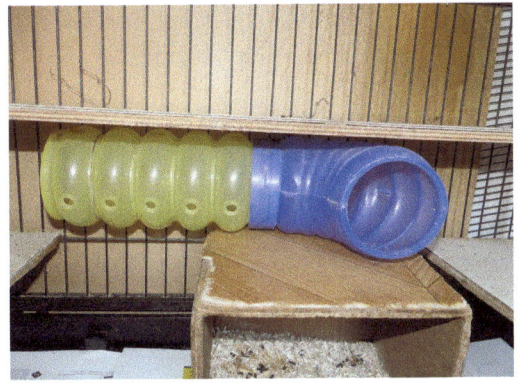 des accessoires. La forme et la taille d'un carton par exemple, si peu qu'elles soient différentes, suffiront à stimuler un chinchilla.

Son alimentation

Le chinchilla est un rongeur au système digestif délicat qui demande une alimentation spécifique. Il a besoin de beaucoup de fibres. Le foin et les granulés « spécial chinchilla » lui apporteront ces fibres. Mais il ne faut pas lui donner n'importe quel mélange de granulés et friandises, car c'est un animal capricieux qui choisira en priorité les friandises et laissera de côté les aliments nutritifs.

Avant d'acheter les granulés, vérifiez la composition de la boîte et comparez les différentes marques. Il faut que les teneurs en vitamines, protéines, matières grasses et cellulose soient indiquées ainsi que la composition même des granulés ! Sans indications précises, il ne faut pas les acheter puisque la teneur n'est pas mentionnée. Les mélanges de graines sont

 également à proscrire et il faut se concentrer sur les aliments "tout en un", comme c'est le cas des granulés. Les protéines doivent être entre 16 et 19%. En ce qui concerne les friandises, les plus saines pour les chinchillas restent les fleurs et feuilles séchées dont il est en général friand. On peut donner de temps en temps, mais avec parcimonie une rondelle de banane séchée ou un raisin sec. Ces friandises sont très appréciées mais riches en sucres. Il peut également déguster des caroubes, des baies d'églantiers ou bien une tranche de pommes fraîche.

Si vous vous sentez prêt à lui apporter tout ce bien-être et à lui accorder toute l'attention dont il nécessite, le chinchilla est fait pour vous !

Le lapin

Le lapin est souvent l'animal préféré des enfants qui voient en ce petit animal un charmant compagnon au poil doux et aux allures de peluche, là où les adultes ou les parents y voient un moyen facile d'acquérir un animal de petite taille qui ne prendra pas trop de place. Mais qu'en est-il dans la réalité ? Bien souvent, dans de nombreux foyers, ces petits animaux aux grandes oreilles passent une grande partie de leur vie dans une cage avec très peu de temps en liberté. C'est une grave erreur de croire que le lapin sera un animal heureux dans un environnement aussi petit. C'est comme si un homme passait sa vie dans une salle bain. Serait-il heureux de vivre ainsi ? Non. Il en est de même pour le lapin qui a besoin d'activités pour éviter l'ennui et aussi d'espace pour se déplacer. En effet, ce petit animal effectue ses déplacements par petits bonds. Comment le pourrait-il dans une cage ? Aussi grande que puisse être celle-ci, jamais elle ne remplacera ces moments de liberté durant lesquels il peut s'ébattre, courir, sauter un peu partout et aussi savourer le plaisir de s'étaler comme une carpette dans un coin ou centre d'une pièce.

S'engager à prendre sous son toit un lapin, c'est accepter de le laisser vivre en liberté avec toutes les contraintes que cela implique : ne pas laisser traîner de fils électriques dans la pièce où se trouvera le lapin et accepter que certains meubles soient grignotés ou alors envisager de protéger tout ce qui a de la valeur. La solution la plus simple est d'installer un grand parc aménagé d'une aire de jeux où il pourra se défouler. Ainsi les lieux seront sécurisés et aucun risque de dégâts ou de danger pour le lapin.

Comment aménager un espace de jeux pour son lapin ?

Aménager une aire de jeux pour son animal ne nécessite pas de gros frais. De simples cartons avec des ouvertures faisant guise d'entrée ou des cabanes en bois faites maison suffiront pour faire le bonheur de son lapin. Il existe en outre pour les moins bricoleurs des maisons en plastique amovibles que l'on monte et démonte selon ses envies. La mise en place de cabanes où s'abriter est capitale pour rassurer le lapin dont l'instinct le pousse à rester vigilant.

Pour le stimuler, on veillera à varier les jeux en lui proposant des tunnels qui seront par exemple la récupération de tuyaux de robinetterie ou encore des rouleaux en cartons trouvés en magasins de bricolage dans le rayon moquette. En animalerie, on trouve également des tuyaux en tissu qui font du bruit quand les lapins se faufilent dedans ou des tronçons de bois en forme de pont. Certains lapins apprécient la présence d'un arbre à chat pour sauter dessus ou s'en servir comme perchoir ou fauteuil. À ces jeux, on pourra offrir à son lapin une pomme de pin, un rouleau d'essuie-tout ou des maisons comestibles pour qu'il puisse faire ses dents et les user.

En comparaison de la plupart des rongeurs, le lapin est un animal propre quand il vadrouille dans la maison. Il suffit d'ailleurs de lui installer un bac à litière pour chats pour qu'il aille y faire ses besoins. C'est en outre un animal qui pourra s'entendre avec un chat comme on peut le voir sur la photo avec Roxane et Nala, deux compagnons d'espèce différente, qui s'entendent très bien.

En outre, contrairement à une idée répandue, le lapin est tout sauf calme. Ce critère est très important avant d'opter pour ce charmant petit animal. Il ne restera

 pas sagement dans son coin des heures durant, à moins de ne pas lui laisser le choix et de lui infliger une cage bien trop petite. Il est très actif, se déplace par bonds et saute là où il peut pour aller explorer son territoire. Il peut aussi avoir des crises de folie où il va secouer la tête, faire un énorme bond pour prendre son élan et courir, puis faire subitement demi-tour et repartir de plus belle en virevoltant dans les airs ! Cela signifie qu'il se sent bien. Pour encore mieux le comprendre, il est important de connaître le sens de ses cris et sa façon de se comporter.

Le langage oral

- Lorsqu'un lapin grince des dents, qu'il est couché et reste prostré dans son coin sans bouger, montre qu'il souffre intensément.
- Des grognements sont émis quand le mâle fait le beau devant une femelle.
- Lorsqu'un lapin se frotte les mâchoires, c'est qu'il se sent bien. Cela serait l'équivalent du ronronnement chez le chat.
- Quand un lapin se met à grogner et à souffler, cela signifie qu'il

va attaquer celui qui se trouve en face de lui. Cela peut être l'un de ses congénères ou un autre animal.
- Un lapin qui refuse de retourner dans sa cage est un lapin qui va pousser de petits cris de protestation et montrer son mécontentement.

Le langage du corps est aussi un élément important à prendre en compte pour mieux gérer sa relation avec son lapin. Quand on prend le temps de l'observer, on finit par comprendre ce qu'il veut exprimer. Le lapin, comme beaucoup d'animaux, cherche souvent à communiquer avec nous pour se faire comprendre. En répondant à ses attentes, on développera une belle complicité.

Qui n'a jamais entendu un lapin frapper le sol avec ses deux grosses pattes postérieures ? Ce geste si connu a deux significations différentes : dans un cas, le lapin montre qu'il se sent en danger, dans le second il manifeste son excitation ou sa mauvaise humeur. Mais il existe bien d'autres gestes que le lapin utilise au quotidien sans que nous en connaissions le sens.

- Un lapin qui frotte son menton à des endroits stratégiques est un lapin qui marque son territoire en laissant des sécrétions invisibles et inodores pour nous les humains, mais identifiables par les autres animaux.
- Un lapin qui urine à certains endroits n'est pas un lapin malpropre, mais encore un lapin qui marque son territoire. Ce comportement est très fréquent chez les mâles non castrés. Cette mauvaise habitude peut disparaître une fois que le lapin a été castré.

- Un lapin qui se dresse sur ses pattes postérieures, lève les oreilles et le museau est attiré par quelque chose d'intéressant.
- Un lapin qui est étendu de tout son long avec ses pattes postérieures étalées est un animal paisible et détendu.
- Lorsque le lapin lèche son maître, il montre son affection à son égard.

- Un lapin en cage qui ronge ses barreaux est un lapin qui exprime clairement son envie de sortir ou bien son ennui car il ne peut pas faire grand chose dans sa cage.

- Si votre lapin vous donne des coups de museau, c'est qu'il réclame votre attention et aimerait des caresses. C'est un geste affectueux. Quand, au contraire, il vous repousse du museau ou avec les pattes, cela signifie qu'il veut avoir la paix.

Ces différentes explications sont essentielles pour établir une bonne relation avec son lapin. Elle sera encore plus belle si celui-ci peut jouir d'une vie en liberté sans être condamné à vivre dans une cage. Il ne pourra pas s'épanouir et dormira tout le temps. Il va devenir apathique, se désintéresser de ce qui l'entoure et s'ennuyer. Sans oublier qu'il risque de devenir obèse.

En lui accordant plusieurs heures d'attention chaque jour, c'est l'assurance d'un lapin bien dans sa peau et en lui donnant la possibilité de vivre librement, c'est lui permettre de vivre comme il le ferait plus ou moins à l'état naturel et lui assurer bien-être.

Si l'on se sent prêt à accepter toutes ces conditions, le lapin est l'animal  à choisir quand on souhaite avoir un petit compagnon de grande taille à câliner et avec lequel jouer.

En ce qui concerne sa nourriture, il est bon de rappeler que le lapin est un animal herbivore avec des besoins spécifiques et un système digestif fragile. Lui donner une alimentation appropriée lui garantit la santé. C'est un animal sensible aux changements d'alimentation. Quand on adopte cette petite boule de poils, la transition doit se faire en

douceur, en remplaçant progressivement son alimentation habituelle par celle que l'on a choisie. Les granulés constituent avec le foin les aliments de base auxquels on peut ajouter des fruits et des légumes de façon progressive sans oublier l'herbe fraîche et les feuilles sauvages comestibles telles que les feuilles de pissenlit, de plantain ou

encore des feuilles de noisetier, framboisier ou fraisier selon les goûts de son animal.

Où choisir son futur compagnon ?

Une fois que l'on s'est décidé pour une espèce, il reste encore à trouver l'animal qui conviendra. Il est important de bien choisir celui qui nous accompagnera pendant quelques années et ne pas se précipiter sur la première annonce que l'on pourrait trouver sur un site internet ou alors se précipiter en animalerie. Il existe, comme pour les chiens et les chats que l'on retrouve souvent abandonnés à la SPA, de nombreuses associations qui se consacrent au sauvetage des rongeurs et des lagomorphes.

En choisissant de prendre un animal dans une association, on permet à une petite boule de poils de finir sa vie dans de belles conditions. Les raisons qui poussent certaines personnes à abandonner leurs animal sont multiples : une allergie, un départ en vacances, le manque de temps pour s'en occuper, le désintérêt soudain pour le petit compagnon souvent offert à l'occasion des fêtes ou d'un anniversaire pour un enfant, les conditions financières, des animaux lâchement abandonnés en forêt, dans une poubelle ou encore retrouvés agonisant dans un appartement inhabité. Pour toutes ces raisons, l'animal abandonné mérite d'avoir un nouveau toit chez des maîtres qui l'aimeront et le couvriront de tendresse jusqu'à la fin de sa vie.

Il est vrai qu'en adoptant en association, nous n'avons pas toujours l'assurance de connaître l'âge exact de l'animal ni son passé, mais quel bonheur de pouvoir donner tout son amour à ce nouvel être qui habite avec nous et qui ne demande qu'à être aimé. Mais on peut également trouver de jeunes animaux issus d'une portée non voulue. Il ne faut tout simplement pas être pressé et attendre d'avoir un coup de cœur !

Parmi les associations qui se consacrent tout particulièrement aux rongeurs et aux lapins, nous pouvons citer :

Les amis de Théophile, une association qui a vu le jour en novembre  2014 dans la Sarthe (72) avec pour but d'offrir une seconde chance aux animaux ayant subi de mauvais traitements. Elle doit son nom et son logo au premier cochon d'inde recueilli et appelé Théophile. Depuis, Marion Fischer et Vanessa Longépée se consacrent principalement au sauvetage des cochons d'inde et des souris, mais aussi à celui des chats et d'autres petits rongeurs.

La Grange aux lapins est une association située dans l'Eure (27) et qui a pour mission de recueillir exclusivement des lapins de toutes races, quelques cochons d'inde et chats errants suite à des sauvetages ou des abandons chez des particuliers.

L'association Bunny et Compagnie est une association consacrée principalement aux sauvetages des lapins suite à de nombreux cas d'abandons et de maltraitance, mais se consacre aussi aux sauvetages de cochons d'inde ou autres petits rongeurs. Elle se trouve près d'Arles dans le sud de la France.

Ces associations, même si elles ne se trouvent pas près de chez vous, acceptent le transport de l'animal par co-voiturage sur l'ensemble de la France contre une participation financière et dans de bonnes conditions. Mais il est possible d'en trouver près de chez soi et de se renseigner auprès des SPA qui sauront certainement vous informer sur les refuges dédiés aux rongeurs.

Pourquoi est-il préférable de ne pas acheter en animalerie ? La raison en est simple : l'animalerie est un réseau qui incite à faire de l'élevage intensif dans des conditions que l'on ne soupçonne même pas avec des animaux sevrés beaucoup trop tôt, entassés les uns sur les autres dans des conditions d'hygiène qui laissent à désirer et qui risquent d'être porteurs de maladies comme la teigne ou la gale. Certaines petites animaleries ne font pas partie de cette chaîne industrielle et sont soucieuses du bien-être animal, mais elles sont rares.

Il reste bien sûr la possibilité de se procurer un animal chez un éleveur. Comme pour la plupart des animaleries, bon nombre d'éleveurs ne se préoccupent pas du bien-être de leurs animaux et ne jurent que par l'apparence de l'animal. Certains éleveurs n'hésitent pas à mettre des papillotes dans la robe de l'animal et lui fait subir des bains non nécessaires, uniquement pour que ce dernier soit le plus beau possible. L'animal se retrouve alors à l'écart de ses congénères et dans un espace étroit pour qu'il ne souille pas sa robe pour le futur concours où il sera présenté. Il peut ainsi être condamné à rester plusieurs jours à ne pas avoir de place pour bouger. D'autres éleveurs n'y voient que l'appât du gain avec de la reproduction intempestive et ne leur donnent souvent que des extrudés premier prix avec des croûtons de pain sec (qui sont très mauvais pour le système digestif des rongeurs) et peu de légumes frais. Sans oublier que les conditions d'hygiène sont souvent inacceptable : des rongeurs qui se retrouvent sur une litière sale qui sent l'urine et les conséquences que cela peut entraîner pour leurs voies respiratoires.

Pour toutes ces raisons, il est préférable d'adopter un animal en association au lieu d'inciter à la reproduction intensive des bêtes dans des conditions épouvantables. Pourquoi inciter à la reproduction alors qu'il existe tant d'animaux abandonnés ? Heureusement, il existe tout de même des éleveurs qui font reproduire leurs animaux dans de bonnes conditions et peu souvent pour que les femelles ne soient pas fatiguées au fil des mois.

PALMITO ET GRIBOUILLE

Éditeur : BoD-Books on Demand, 12/14 rond point des Champs Élysées, 75008 Paris, France

Impression : BoD-Books on Demand, Norderstedt, Allemagne

ISBN : 978-2-322-09555-1

Dépôt légal : août 2016